새는 어떻게 하늘을 날까요?

Beauty of Science(아름다운 과학) 글·그림 | 이신혜 옮김

다정다감

글·그림 **Beauty of Science(아름다운 과학, 美丽科学)**　　https://www.beautyofscience.cn/#/home

칭화대학(清华大学), 중국과학기술대학(中国科学技术大学) 출신의 젊은 학자들이 모여 만든 과학 교육 및 과학 문화 대중화 모임으로 초·중등 학생에게 높은 수준의 과학 교육 콘텐츠를 제공하기 위해 노력하고 있다. '아름다운 과학' 모임은 과학과 예술을 융합한 아름다운 시각 콘텐츠로 어린이의 호기심을 만족시키고, 과학의 아름다움에 눈뜰 수 있도록 이끌어 준다. 중국의 국영 신문사인 『런민일보(人民日报)』, 중국과학원에서 운영하는 교양 과학 사이트 '중국교양과학박람(中国科普博览)', 미국 잡지 『내셔널 지오그래픽(National Geographic)』, 다큐멘터리 전문 채널 '디스커버리 채널(Discovery Channel)' 등 여러 유명 매체에서 높은 평가를 받기도 했다.
'아름다운 과학' 모임의 활동 내용과 콘텐츠는 전 세계 130여 곳 언론 매체에서 기사화되었으며, 2015년 미국 과학기금회(NSF)와 『파퓰러 사이언스(Popular Science)』잡지에서 선정하는 과학 콘텐츠 대상을 받았고, 2017년 중국화학회(中国化学会)와 함께하는 '새로운 화학' 프로젝트로 『런민일보』에서 선정하는 '2017년 과학 대중화를 위한 10대 문화콘텐츠' 등을 수상했다.

가오신(高昕)
중국과학원 이화학기술연구소에서 박사 학위를 받고, 칭화대학에서 박사 후 과정을 밟은 후 현재 아름다운 과학에서 총괄 기획자를 맡고 있다. 여러 편의 과학 그림책을 기획하고, 10여 차례의 청소년 과학 페어를 진행했다.

장웨(张玥)
프리랜서 일러스트레이터로 영국 잡지 『모노클(Monocle)』, 미국 웹진 『퀀타 매거진(Quanta Magazine)』, 상하이자연박물관, 중국 휴대전화 브랜드 비보(VIVO) 등 유명 브랜드 및 기업체와 협력해 활동했다. 디자인 자료 플랫폼 비핸스(Behance)와 인스타그램에서 Koma Zhang을 검색하거나 komaciel924@gmail.com으로 소통할 수 있다.

옮김 이신혜
숙명여자대학교에서 중어중문학을, 이화여자대학교 통번역대학원에서 한중통역학을 전공했다. 삼성전자, 주중한국대사관에서 통번역사로, 수원법원과 대법원 인증 통역인으로 일했다. 현재 번역집단 실크로드 소속 번역가 겸 프리랜서 통번역사로 활동하고 있다.
지은 책으로 『나의 중국어 다이어리』, 『열정 중국어 회화 1, 2, 3(공저)』가 있으며 옮긴 책으로는 『시경 속 동물』, 『감정이 상처가 되기 전에』가 있다.

초판 인쇄일 2023년 6월 1일 | **초판 발행일** 2023년 6월 14일
글·그림 Beauty of Science(아름다운 과학) | 옮김 이신혜
발행인 김영숙 | **신고번호** 제2022-000042호 | **발행처** 다정다감
주소 (10881) 경기도 파주시 회동길 445-4(문발동 638) 408호
전화 031)955-9221~5 | **팩스** 031)955-9220 | **인스타그램** @ddbeatbooks | **메일** ddbeatbooks@gmail.com
기획·진행 박혜지 | **디자인** 조수안 | **영업마케팅** 김준범, 서지영
ISBN 979-11-981852-8-0 | **정가** 14,000원

Copyright © 2020 Xinzhi Digital Media
Korean edition copyright © 2023 by DajungDagam, an Imprint of Hyejiwon Publishing Co.
by arrangement with CITIC Press Corporation through SilkRoad Agency, Seoul, Korea.
All rights reserved.

* 다정다감은 도서출판 혜지원의 임프린트입니다.
　다정다감은 소중한 원고의 투고를 항상 기다리고 있습니다.

이 책은 저작권법에 의해 보호를 받는 저작물이므로 어떠한 형태의 무단 전재나 복제도 금합니다.
본문 중에 인용한 제품명은 각 개발사의 등록상표이며, 특허법과 저작권법 등에 의해 보호를 받고 있습니다.

1. 제조자 : 다정다감
2. 주소 : 경기도 파주시 회동길 445-4 408호
3. 전화번호 : 031-955-9224
4. 제조년월 : 2023년 6월 1일
5. 제조국 : 대한민국
6. 사용연령 : 4세 이상

사용상 주의사항
· 종이에 긁히거나 손이 베이지 않도록 주의하세요.
· 제품을 입에 넣거나 빨지 않도록 주의하세요.
· KC마크는 이 제품이 공통안전기준에 적합하였음을 의미합니다.

목차

- 8 깃털 옷을 입은 친구들
- 10 새에 대해 알아보자
- 12 이 친구들도 새일까?
- 14 새의 조상이 공룡이라고?
- 16 날기 위해 태어난 몸
- 18 다양한 모양의 날개
- 20 깃털은 어떻게 생겼을까?
- 22 깃털은 어떤 쓸모가 있을까?
- 24 각자 다른 일을 하는 깃털
- 26 이륙과 착륙의 비결
- 28 날갯짓 비행과 활공
- 30 공기 흐름을 타고 선회 비행하기
- 32 철새의 이동
- 34 새들의 비행 챔피언
- 36 날지 못하는 새
- 38 새가 우리에게 가르쳐 준 것
- 40 우리 모두 새를 보호하자
- 42 새를 구조하는 올바른 방법
- 44 이 책에 등장한 새들의 이름

깃털 옷을 입은 친구들

신기한 친구들에 대해서 이야기해 볼게요.

이 친구들은 앞부분은 곡선이고 뒤로 갈수록 뾰족해지는 유선형 몸통에 두 다리와 한 쌍의 날개가 있는데, 온몸이 아름다운 깃털로 덮여 있어요. 그리고 이 친구들은 대부분 하늘을 날아다닐 수 있어요.

이 친구들은 꽃의 꿀, 식물의 씨앗, 곤충, 물고기 등 다양한 먹이를 먹고 살아요. 심지어 썩은 고기를 즐겨 먹기도 하죠.

이 친구들은 가족이 아주 많아 전 세계 곳곳에 퍼져 있어요. 몹시 추운 극지방에서도 이 친구들의 모습을 찾아볼 수 있지요.

이 친구들의 이름은 바로 새랍니다.

새에 대해 알아봐요

새는 우리 주변에서 흔히 볼 수 있는 동물이에요.
그럼 우리 함께 새는 어떻게 생겼는지 살펴볼까요?

귀
새의 귀는 보통 머리 양쪽에 붙어 있어요. 마치 깃털로 덮인 두 개의 자그마한 구멍처럼 생겼어요.

눈
대부분의 새들은 하늘을 비행하기 위해서 멀리까지 잘 볼 수 있어야 해요. 그래서 시각이 무척 발달했어요. 많은 새에겐 멀리 있는 것을 잘 보는 '원시안'에서 가까이 있는 것을 잘 보는 '근시안'으로 재빨리 시력을 조절하는 능력이 있지요. 하늘을 날아다니다가도 땅 위에 있는 사냥감을 발견했을 때 몇 초 안에 재빨리 내려와 사냥감을 낚아채기 위해 생긴 능력이에요.

알
새는 알을 낳아요. 알이 부화하면 새끼 새가 되지요.

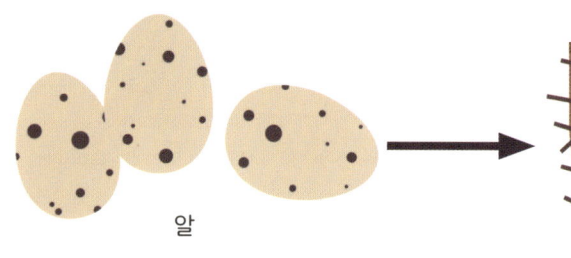

알 → 새끼 새

날개
날개는 새가 하늘을 날아다니기 위해 사용하는 기관이에요. 새의 날개는 크기도, 모양도 제각각이지만 모두 깃털로 덮여 있어요. 날개는 새와 다른 동물을 구분하는 중요한 특징 중 하나랍니다.

꽁지
새의 꽁지는 깃털로 이뤄져 있어요. 주로 짝을 찾을 때나 비행 중 몸의 균형을 맞출 때 사용해요.

깃털
깃털은 새만 가진 특별한 '옷'이랍니다. 새가 추위를 이길 수 있도록 돕고, 비행을 거들어 주기도 해요.

꾀꼬리

부리

부리는 새의 주둥이를 가리켜요. 부리는 꽤 단단하고, 어떤 먹이를 먹느냐에 따라 크기와 모양이 제각각이에요. 새는 이가 없어요. 그래서 씨앗 껍질 등을 벗길 때는 이 대신 부리를 사용해요.

씨앗을 먹는 밀화부리의 부리

꽃의 꿀을 먹는 꿀벌벌새의 부리

벌레를 먹는 진홍가슴의 부리

풀을 먹는 줄기러기의 부리

발

새의 발은 한 쌍으로 이뤄져 있어요. 그리고 발가락 모양은 새의 생활 방식과 깊은 관련이 있어요. 물에서 헤엄치는 새의 발가락에는 다양한 모양의 물갈퀴가 달려 있답니다.

나뭇가지를 잡기 좋게 생긴 박새의 발

작은 동물 사냥에 안성맞춤인 흰올빼미의 발

헤엄치는 데 제격인 청둥오리의 발

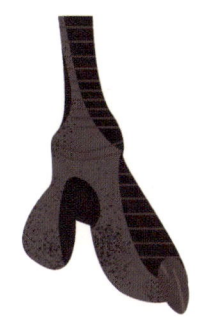

빨리 달리기 좋게 생긴 타조의 발

이 친구들도 새일까?

날지 못하는 타조와 펭귄은 새일까요?
날개가 있어 날아다니는 박쥐도 새일까요?
그림 속 동물 중 어느 동물이 새인지 생각해 볼까요?
(정답은 44쪽에 있어요.)

박쥐
박쥐는 날 수 있지만 박쥐의 '날개'는 대부분의 새와 다르게 생겼어요. 박쥐의 날개는 앞다리와 뒷다리 그리고 꼬리 사이의 부드러우면서도 단단한 피부로 이루어져 있거든요.

왜가리
아주 긴 다리를 가진 왜가리는 주로 습지에 살며 작은 물고기나 개구리처럼 작은 동물을 잡아먹어요. 왜가리의 날개는 넓고 커서 하늘을 잘 날 수 있어요.

메추라기
몸집이 작은 메추라기는 평소 풀숲이나 덤불에 숨어 살아서 우리는 메추라기의 날개를 보기 어려워요. 하지만 메추라기가 날아오를 때 보면 날개가 달린 것을 확실히 볼 수 있어요.

타조

덩치가 큰 타조는 한 쌍의 날개가 있지만 날 수 없어요. 달리기를 아주 잘하는 타조는 빠르게 달려서 위험에서 벗어나곤 해요.

펭귄

펭귄은 한 쌍의 날개가 있지만 날 수 없어요. 그 대신 헤엄을 아주 잘 친답니다. 뒤뚱뒤뚱하며 땅을 걷는 펭귄의 모습을 보고 굼뜨다고 오해하지 마세요. 바다에서 먹이를 잡을 때는 아주 재빠르거든요.

하늘다람쥐

하늘다람쥐의 앞다리와 뒷다리는 주름진 피부막으로 연결되어 있어요. 하늘다람쥐는 높은 나무 위에 올라가 팔다리를 활짝 펴고 몸을 공중에 훌쩍 날려요. 그러면 피부막을 이용해 낮은 곳을 향해 빠르게 미끄러지듯이 날아갈 수 있어요.

날치

날치는 바다에 사는 동물이에요. 날치는 물속에서 위험한 상황에 부닥치면 빠른 속도로 앞을 향해 헤엄쳐요. 그러다가 속도가 충분히 빨라지면 물 밖으로 튀어나와 가슴지느러미를 펼치고 어느 정도 거리를 미끄러지듯이 날아 위험에서 벗어나요.

새의 조상이 공룡이라고?

자유롭게 하늘을 날아다니는 새와 이미 멸종한 공룡이 친척 사이라고요? 맞아요, 새로운 공룡 화석이 발견되면서 더 많은 과학자가 공룡이 새의 조상이라고 생각하게 되었어요.

❶ 익룡은 새의 조상인가요?

공룡을 주제로 한 영화에는 하늘을 나는 '익룡'이 자주 등장하지요. 그래서인지 많은 사람이 익룡이 새의 조상이라고 생각하지만 사실 익룡은 공룡이 아니라 날 줄 아는 고대 파충류라서 새의 조상이 아니에요. 또 익룡은 백악기 후기에 이미 멸종했어요.

익룡

소형 공룡

❷ 공룡 몸에 자라난 깃털

화석을 통해 우리는 2억 년 전쯤 몇몇 소형 공룡의 몸에 원시적인 모양의 깃털이 벌써 자라나 있었다는 사실을 알 수 있어요. 하지만 이 공룡들은 하늘을 날 수 없었어요. 과학자들은 체온을 유지하기 위해 공룡에게 이런 변화가 일어났다고 생각해요.

❹ 나무 위에서 생활했던 공자새

공자새는 원시적인 새 중의 하나예요. 이런 공자새의 화석은 중국에서 최초로 발견되었지요. 과학자들은 공자새가 시조새보다 더 늦은 시기에 살았고, 시조새와 달리 주로 나무 위에서 생활했을 것으로 생각해요. 공자새는 이가 없고 부리의 모습도 지금의 새와 매우 닮았거든요.

원시적인 깃털이 난 공룡부터 시조새와 공자새까지 두루 살펴본 과학자들은 공룡이 바로 새의 조상이라고 생각하게 되었어요.

❸ 원시적인 새: 시조새

오랫동안 시조새를 가장 원시적인 새라고 생각했지만, 최근 몇 년 사이에 새로운 종의 화석이 잇따라 발견되면서 과학자들은 점차 이러한 생각에 의문을 품게 되었어요. 그래도 시조새 화석은 공룡이 새로 진화했다는 것을 알려 주는 중요한 증거예요. 시조새의 날개와 꼬리는 모두 깃털로 덮여 있지만 하늘을 날 수 있었는지는 알 수 없어요. 또 시조새는 날카로운 이, 뼈가 있는 꼬리 등 공룡의 특징을 그대로 지니고 있었답니다.

15

날기 위해 태어난 몸

대다수 새들의 몸 구조는 오랜 진화 과정을 거쳐 비행할 수 있도록 아주 알맞게 바뀌었어요.

분홍홍학

● 숨쉬기를 돕는 공기주머니

하늘을 나는 새는 많은 산소가 필요해요. 그래서 새의 몸속에는 공기주머니라는 특별한 기관이 있어요. 새의 몸은 폐와 공기주머니가 서로 연결된 구조라 숨을 쉴 때 도움을 줘요. 새의 몸속에는 공기주머니가 여러 개 있는데, 전체 몸 부피의 5분의 1을 차지할 정도랍니다.

● **유선형 몸통**
새의 몸통 모양은 앞부분은 곡선이고 뒤로 갈수록 뾰족한 유선형이에요. 이런 체형 덕분에 하늘을 날 때 공기의 저항을 적게 받아요.

뼛속에 공기가 들어찬 '공기뼈'의 내부 구조

● **가벼운 공기뼈**
새의 뼈 중에는 내부에 벌집 모양처럼 구멍이 난 뼈가 있어요. 그 구멍 속은 골수가 아니라 공기로 가득해서 이런 뼈를 공기뼈라고 불러요. 공기뼈는 뼈의 무게를 크게 줄이고 쉽게 부러지지 않게 해요.

● **적은 뼈의 개수**
오랜 진화 과정을 거치면서 새의 머리뼈 등 몇몇 뼈는 점차 하나의 큰 뼈로 연결되었어요. 그렇게 해서 뼈의 무게가 더 가벼워졌답니다. 또, 새의 뼈 개수는 다른 척추동물보다 훨씬 적어요.

● **튼튼한 가슴 근육**
새의 가슴뼈에 툭 튀어나온 돌기는 용골 돌기라고 불러요. 이 돌기는 가슴 근육과 붙어 있어요. 새는 날갯짓하며 날 때 주로 가슴 근육으로 날개를 움직여요. 그래서 대부분의 새는 가슴 근육이 아주 튼튼하고 잘 발달했답니다.

17

다양한 모양의 날개

새의 날개 모양은 아주 다양해요. 이것은 새의 체형과 생활 습성 등과 관련이 있어요.
크게 나누어 보자면 아래처럼 네 가지 종류로 정리할 수 있어요.

A 타원형 날개
길이는 짧지만 폭이 넓고 가장자리가 둥그스름한 타원형 날개는 빠르게 날아오르거나 속도를 내기 좋지만, 장거리 비행은 힘들어요. 땅이나 숲에 사는 새에게서 흔히 볼 수 있는 날개 모양이에요.

B 폭이 약간 좁고 길쭉한 날개
폭이 조금 좁고 뾰족하게 생겼으면서 끝부분에 큼지막한 깃털이 빽빽한 날개는 빠른 속도로 나는 고속 비행에 알맞아요. 그래서 멀리 이동하고 먹이를 사냥할 때 도움이 돼요.

C 폭이 좁고 길쭉한 날개
폭이 아주 좁고 길쭉한 날개는 날아가는 새를 아래로 끌어 내리려는 힘인 항력을 줄여 줘서, 안정적인 공기 흐름을 타고 미끄러지듯이 날 수 있게 해 줍니다. 바다 위를 나는 새에게서 흔히 볼 수 있는 날개 모양이에요.

D 굉장히 길고 폭이 넓은 날개
폭이 넓고 길이도 길면서 날개 끝의 깃털이 갈라져 듬성듬성한 모양의 날개는 느린 속도로 천천히 나는 저속 비행과 활공 그리고 하늘 위를 빙빙 도는 선회 비행을 할 수 있게 해 줘요. 높은 하늘을 나는 새에게서 흔히 볼 수 있는 날개 모양이에요.

이 새들의 날개는 어떤 종류일까요? 한번 맞춰 보세요.

(정답은 44쪽에 있어요.)

고산대머리수리는 대부분의 시간을 하늘을 날아다니고 빙빙 돌며 죽은 동물을 찾아 먹이로 삼아요.

꼬까울새는 주로 산과 숲에서 살지만 넓은 들판이나 언덕에서도 그 모습을 찾아볼 수 있어요. 꼬까울새는 작은 벌레를 즐겨 먹어요.

재갈매기는 흔한 바닷새예요. 일반적으로 무리를 이뤄 바닷가에서 살며 물고기 등을 먹어요.

매는 사납고 동작도 빨라서 곤충이나 쥐, 도마뱀처럼 몸집이 작은 척추동물을 잘 잡아먹는 새예요.

칼새는 비행 속도가 가장 빠른 새 중 하나로, 아주 날쌔요.

군함조는 주로 열대와 아열대 지역 섬에서 살며 바다의 물고기 등을 먹이로 삼아요.

꿩은 주로 낮은 언덕이나 떨기나무 숲에서 살아요. 비행 실력은 별로라 위험이 닥쳤을 때만 후다닥 날아올라요.

깃털은 어떻게 생겼을까?

새의 몸을 덮고 있는 깃털은 우리가 입는 옷과 마찬가지예요. 자연에 사는 동물 중 깃털을 가진 동물은 새밖에 없어요. 그렇다면 깃털은 어떻게 생겼을까요?

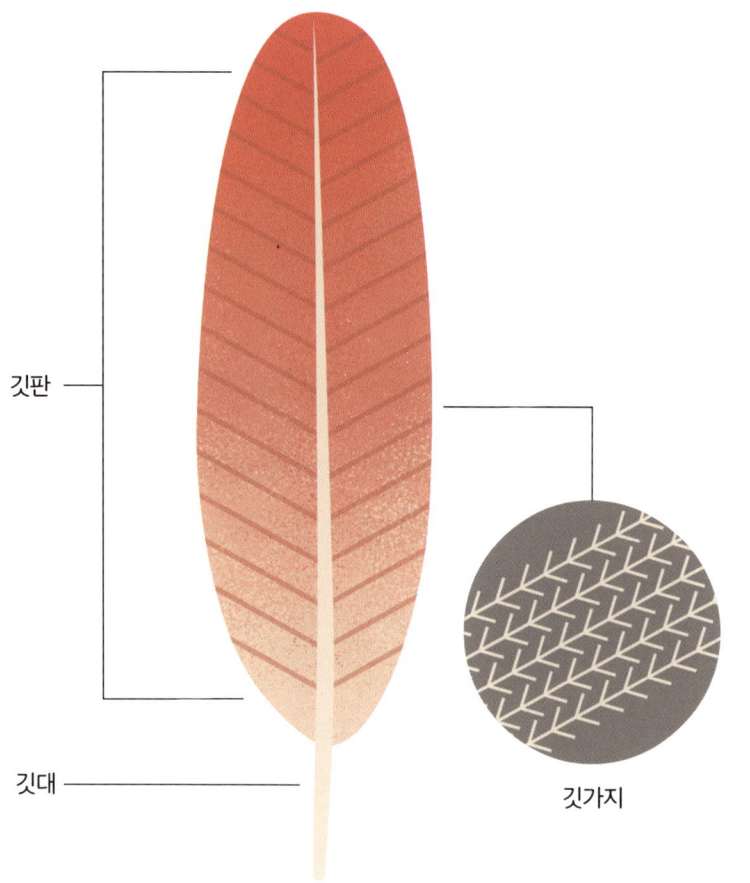

깃털의 구조

깃털은 깃대와 깃판이라는 두 부분으로 이뤄져 있어요. 깃대는 깃털 한가운데 자리 잡은 기다란 줄기로 아래쪽은 텅 비어 있어요. 깃대 윗부분 양쪽에는 여러 개의 부드러운 깃가지가 나 있는데, 일반적으로 이 부분을 다 합쳐서 깃판이라고 불러요. 깃판은 깃털을 이루는 중요한 부분이에요.

깃털의 색깔은 어떻게 만들어질까?

깃털 색깔은 나비의 날개 색깔이 만들어지는 원리처럼 두 가지 원인으로 나눠 볼 수 있어요. 첫 번째 원인은 깃털 자체에 색소가 들어 있기 때문이에요. 두 번째 원인은 보이지 않는 깃털의 미세한 구조가 자연광을 반사하거나 여러 방향으로 흐트러뜨리는 산란 현상을 일으켜 색깔을 만들어 내기 때문이죠. 다시 말하면 깃털에도 구조색[1]이 있다는 것이에요.

사람의 머리카락 성분과 비슷한 깃털

깃털은 주로 '케라틴'이라는 단백질로 이뤄졌다는 것이 과학 연구를 통해 밝혀졌어요. 케라틴은 사람의 머리카락, 파충류의 비늘과도 같은 성분이에요.

도마뱀의 비늘 　　　　 새의 날개 　　　　 사람의 머리카락

[1] **구조색**: 빛이 날개를 통과할 때 날개의 미세한 구조 때문에 색이 변화하는 것

머리카락이나 비늘과 달리 새의 깃털은 모양이 다양하고 색깔도 알록달록해요. 또 어떤 새들은 머리, 날개 또는 꽁지에 특히 예쁜 깃털이 자라나기도 해요.

보호색

어떤 새는 자신을 보호하려고 깃털로 위장술을 펼쳐요. 이런 새의 깃털 색은 자신이 생활하는 주변 환경과 비슷한 색을 띠어서 포식자를 피하는 데 도움이 돼요. 깃털의 색깔이 곧 보호색이 되는 셈이에요.

갈대 덤불 속의 알락해오라기

숲속의 사할린뇌조

산속의 올빼미

깃털은 어떤 쓸모가 있을까?

깃털은 예쁘기도 하지만 다른 중요한 역할을 맡고 있어요.

체온 유지하기와 열 내보내기

어떤 새는 추운 계절을 보내야 할 뿐만 아니라 평소에도 낮은 온도의 높은 하늘을 비행해야 해요. 그래서 새의 몸통을 뒤덮은 깃털은 체온 유지라는 아주 중요한 역할을 한답니다. 그러다가 더운 계절이 되면 깃털의 방향을 바꿔 열을 흩어 내보내지요.

깃털 덕분에 추운 계절을 보낼 수 있는 새

깃털은 새의 '비옷' 역할도 해요.

새의 꽁지에는 기름이 분비되는 '꼬리샘'이라는 기관이 있어요. 새는 이 꼬리샘에서 나오는 기름을 깃털에 고르게 펴 발라요. 그러면 비를 맞거나 물에서 참방거리며 놀아도 깃털이 젖지 않아요.

암컷 유혹하기

어떤 새의 깃털은 아주 화려해요. 그런데 이렇게 화려한 깃털을 가진 새는 대부분 수컷 새예요. 아름다운 깃털은 암컷의 눈길을 끌 수 있거든요.

각자 다른 일을 하는 깃털

보호색, 체온 보호 역할 말고도 깃털의 가장 중요한 역할은 비행을 돕는 거예요. 구체적으로 어떤 일을 하느냐에 따라 새의 깃털은 강모, 겉깃털, 솜깃털, 반깃털, 털깃, 그리고 보푸라기 깃털 등 여섯 가지 종류로 나뉘어요.

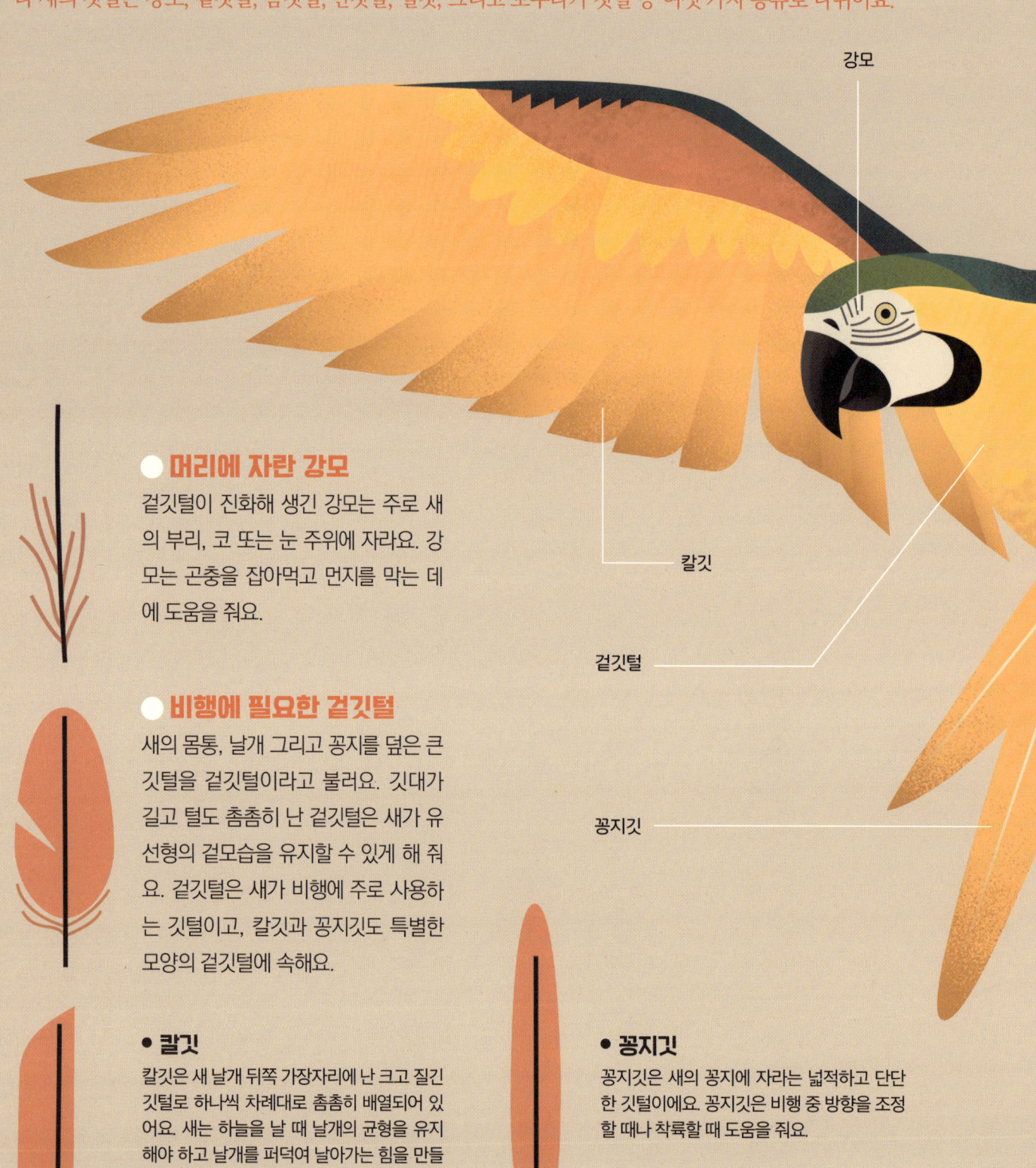

● **머리에 자란 강모**
겉깃털이 진화해 생긴 강모는 주로 새의 부리, 코 또는 눈 주위에 자라요. 강모는 곤충을 잡아먹고 먼지를 막는 데에 도움을 줘요.

● **비행에 필요한 겉깃털**
새의 몸통, 날개 그리고 꽁지를 덮은 큰 깃털을 겉깃털이라고 불러요. 깃대가 길고 털도 촘촘히 난 겉깃털은 새가 유선형의 겉모습을 유지할 수 있게 해 줘요. 겉깃털은 새가 비행에 주로 사용하는 깃털이고, 칼깃과 꽁지깃도 특별한 모양의 겉깃털에 속해요.

● **칼깃**
칼깃은 새 날개 뒤쪽 가장자리에 난 크고 질긴 깃털로 하나씩 차례대로 촘촘히 배열되어 있어요. 새는 하늘을 날 때 날개의 균형을 유지해야 하고 날개를 퍼덕여 날아가는 힘을 만들어야 하는데, 이 모든 일을 칼깃이 도맡아 하지요.

● **꽁지깃**
꽁지깃은 새의 꽁지에 자라는 넓적하고 단단한 깃털이에요. 꽁지깃은 비행 중 방향을 조정할 때나 착륙할 때 도움을 줘요.

● **청소를 돕는 보푸라기 깃털**
어떤 새는 보푸라기 깃털도 있어요. 솜깃털이 진화해 생긴 보푸라기 깃털은 평생 계속 자라나고 털갈이도 하지 않아요. 또 자라나는 동안 보푸라기 깃털 끄트머리에 있는 깃가지는 가루처럼 작은 알갱이로 부서져요. 이 알갱이는 새가 깃털을 깨끗이 유지하게 도와줘요.

유리매커우

● **보온을 돕는 솜깃털** 
겉깃털 아래에서 자라는 솜깃털은 새의 몸통과 가장 가까이 붙은 깃털로 깃대가 아주 짧거나 아예 없기도 해요. 훌륭한 보온 기능이 있는 솜깃털은 새가 추위를 이겨낼 수 있게 도와줘요. 우리가 입는 오리털 재킷 속의 깃털이 바로 오리나 거위의 솜깃털이에요.

● **솜깃털과 비슷한 반깃털** 
겉깃털과도, 솜깃털과도 닮은 반깃털은 열기를 막아 주고, 보온도 해 줘요. 반깃털은 물 위를 헤엄치는 새에게 꼭 필요해요. 공기가 많이 들어간 반깃털은 새가 물 위에 잘 떠 있을 수 있게 도와주거든요.

● **비행을 돕는 털깃** 
대개 털깃은 겉깃털, 솜깃털과 함께 뒤섞여 새의 온몸에 퍼져 있어요. 털깃의 뿌리 부분은 신경이 잘 발달해 있답니다. 그래서 새는 털깃을 이용해 겉깃털의 상태를 확인하고, 겉깃털의 움직임을 조종하면서 비행을 조정해요.

이륙할 때 최대한 날개를 넓게 펼치고 빠른 속도로 날갯짓해요.

폴짝 뛰어 날아올라요.

이륙과 착륙의 비결

새가 하늘로 날아오르는 첫 단계가 이륙이라면, 착륙은 이륙보다 뛰어난 비행 기술이 필요한 단계예요. 그렇다면 새는 어떻게 이륙하고 착륙할까요?

새는 어떻게 이륙할까?

보통 새는 이륙할 때 날개를 최대한 넓게 펴고 빠르게 날갯짓해요. 그러고는 날개로 계속 공기를 치면서 칼깃의 각도를 조절해 위로 올라가는 힘을 얻어 날아올라요. 어떤 새는 힘차게 달리거나 폴짝 뛰어올라야 날아오를 수 있어요.

달리기로 힘을 얻어 날아오르기

착륙을 준비할 때 날개와 꽁지깃을 활짝 펼쳐 속도를 줄여요.

이륙보다 더 복잡한 착륙

착륙을 위해 가장 먼저 필요한 것은 비행 속도를 늦추는 거예요. 그래서 새는 날개와 꽁지의 깃털을 활짝 펼치면서 등을 뒤로 젖히고, 다리는 곧게 펴 최대한 공기 저항력을 높이는 방법으로 속도를 줄여요.

새는 나뭇가지 위에 내려앉기 전에 먼저 꽁지깃을 잘 오므리고, 다리는 최대한 앞으로 뻗어 나뭇가지를 쉽게 잡을 수 있게 준비해요. 그런 다음 날개를 세게 퍼덕이고, 공기 저항력을 높이기 위해 꽁지깃을 완전히 펼쳐 비행 속도를 늦춘 뒤 나뭇가지 위에 내려앉아요.

새는 땅 위나 물 위에 내려앉기 전에 달리기를 하거나 미끄러져 달리는 '활주'를 해서 속도를 늦추기도 해요. 물 위를 활주할 때는 더 많은 공기 저항력을 만들려고 발도 넓게 벌려요.

활주해서 속도 늦추기

나뭇가지 위에 내려앉을 때는 꽁지깃을 잘 오므리고, 나뭇가지를 쉽게 잡을 수 있게 다리는 앞으로 쭉 뻗어요.

날갯짓 비행과 활공

새는 주로 두 가지 방법으로 하늘을 날아다녀요. 날개를 위아래로 퍼덕이는 날갯짓 비행과 날개를 움직이지 않고 나는 활공이에요. 어떤 새는 특정한 조건이 갖춰졌을 때, 공기의 흐름을 뜻하는 '기류'를 타고 하늘을 빙빙 도는 선회 비행을 할 수 있어요.

날갯짓 비행

새는 날개를 빠르게 퍼덕여 몸을 공중에 띄운 상태를 유지하고 앞으로 날아가는 힘도 얻어요. 이런 방식의 비행을 '날갯짓 비행'이라고 해요. 날갯짓 비행은 새의 가장 기본적인 비행 방식이에요. 더 높이 날거나 더 빠르게 날려면 날갯짓 비행을 해야 해요. 제비의 날갯짓 비행 동작을 나눠 설명한 Ⓐ와 Ⓑ에서 자세한 모습을 확인해 볼 수 있어요.

● **회전할 수 있는 칼깃** 가지런히 배열된 칼깃은 기류에 맞춰 회전하며 방향이 바뀌어요. 그래서 비행 상황에 따라 칼깃은 꽉 다물려 공기를 빠져나가지 못하게 하거나 활짝 벌려 틈을 만들어 공기를 빠져나가게 해요.

Ⓐ 새가 날개를 위로 펼치면 칼깃의 방향이 바뀌면서 공간이 생겨요. 그러면 공기가 칼깃 사이를 지나며 공기 저항이 줄어들어요.

Ⓑ 새가 날개를 아래로 파닥일 때 칼깃은 꽉 다물려 있어요. 그러면 공기 저항력이 최대로 커져 날갯짓을 할 때 더 강한 힘을 얻을 수 있어요.

● **방향타 역할을 하는 꽁지깃** 비행 중 방향을 조정하고 싶을 때 새는 꽁지깃을 이용해 방향을 바꿔요. 그래서 새의 기다란 꽁지깃은 '방향타 깃털'이라고도 불려요.

제비

활공

활공이란 새가 날개를 퍼덕이는 동작을 멈추고, 위에서 아래로 미끄러져 내려오는 과정이에요. 날갯짓 비행은 힘을 아주 많이 써야 하지만 활공은 훨씬 간단해서 힘을 절약할 수 있어요. 그래서 보통 날갯짓 비행으로 어느 정도 높이까지 날아오른 새는 날갯짓 비행과 활공을 번갈아 해요. 특히 먼 거리를 비행하는 새는 힘을 아끼기 위해 반드시 활공해요.

공기 흐름을 타고 선회 비행하기

어떤 새는 활공 말고도 또 다른 비행 방법으로 힘을 아껴요. 바로 선회 비행이랍니다. 새들이 날개를 활짝 펴고 하늘을 빙빙 돌며 비행하는 것을 자주 볼 수 있지요? 이것이 바로 선회 비행이에요.

선회 비행은 주로 기류를 타고 이뤄져요. 기류는 '공기의 흐름'을 뜻해요. 하늘로 날아오른 새는 두 날개를 쫙 펴고만 있어도 몸통 주위를 흐르는 기류를 타고 위로 뜨는 힘인 '부력'을 얻어 선회 비행을 할 수 있어요.

기류의 힘을 이용하기

기류가 바뀌면 새는 기류의 변화에 맞춰 날개 각도를 바꿔 공기에서 부력을 얻어요.

● 땅의 상승 기류를 이용하기

땅 위를 흐르던 공기가 높은 산이나 숲 같은 장애물을 만나면 공기가 위로 올라가는 상승 기류가 만들어져요. 이때 하늘을 날던 새가 상승 기류를 타면, 날갯짓하지 않고도 더 높이 날아갈 수 있어요.

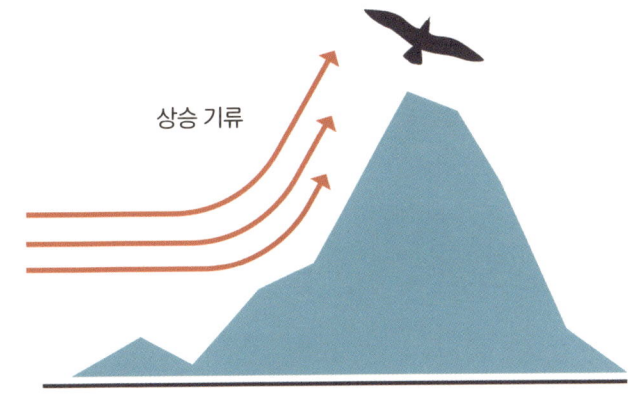

상승 기류

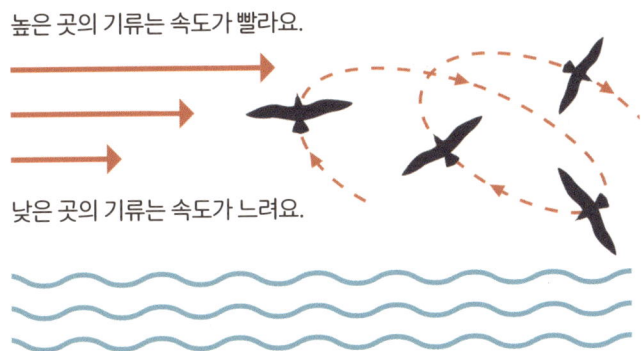

높은 곳의 기류는 속도가 빨라요.

낮은 곳의 기류는 속도가 느려요.

● 바다 위 변화하는 기류를 이용하기

바다 위에서 흐르는 기류는 속도가 제각각이에요. 그래서 바다 위를 비행하는 새는 높이별로 다른 기류의 속도를 이용해 비행 높이와 비행 방향을 바꾸며 선회 비행해요.

어떤 새가 선회 비행을 잘할까?

모든 새가 선회 비행을 잘하지는 않아요. 날개의 크기와 몸무게는 새의 비행에 영향을 주는 중요한 요소예요. 날개 겉면의 넓이인 표면적이 넓으면 넓을수록, 몸무게가 가벼우면 가벼울수록 더 쉽게 선회 비행할 수 있어요.

벌새

수리

큰 날개를 가진 수리는 뛰어난 선회 비행 선수예요. 반면 벌새처럼 날개 표면적이 작은 새는 하늘을 날 때 끊임없이 날갯짓해요.

날개 길이

날개 폭

새가 날개를 펼쳤을 때 왼쪽 날개 끝부터 오른쪽 날개 끝까지의 거리를 '날개 길이'라고 해요. 날개 길이에 날개 폭을 곱하면 날개 표면적을 구할 수 있어요.

날개 표면적 = 날개 길이 × 날개 폭

봄

천연기념물 제 325-1호로 지정된 개리는 중국 동북 지역과 러시아 시베리아 일대에 살며 후손을 번식해요. 하지만 이 지역은 겨울이 너무 춥고, 먹이도 부족해서 가을이 되면 개리는 중국 남부 지역과 한국으로 와서 겨울을 보내고 이듬해 봄에 다시 돌아가요.

철새의 이동

'꼬까옷 입은 제비는 해마다 봄이면 날아온다네'라는 동요 〈제비〉의 가사를 통해 우리는 한 해 내내 같은 곳에 살지 않는 새가 있다는 것을 알 수 있어요. 이런 새들은 매년 계절이 바뀔 때마다 정해진 길을 따라 번식할 곳과 겨울을 보낼 곳을 오가는 일을 되풀이해요. 이렇게 이동하는 새들은 철새라고 부르고, 이런 새의 행동은 철새의 이동이라고 불러요.

가을

가을이 되면 개리는 중국 창장강 중하류 지역과 동남쪽 바닷가 지역으로 옮겨가요. 이때 개리는 떼를 지어 이동하는데, 한자 '사람 인(人)'이나 '한 일(一)' 모양으로 대형을 갖춰 나는 편대 비행을 해요. 이렇게 편대 비행을 하면 길고 어려운 여행길에 힘을 아낄 수 있거든요.

철새가 이동할 때의 비행 모습

편대 비행할 때는 비행 실력이 뛰어난 어른 새가 무리를 이끌어 안내하는 인솔자가 되어요. 인솔자 새가 날갯짓하면 그 뒤쪽에 있는 새는 위로 올라가는 힘을 더 쉽게 얻고 더 편하게 날 수 있어요. 그러다가 인솔자 새가 지치면 또 다른 어른 새가 그 자리를 대신해 줘요.

어린 새 / 인솔자 후보인 어른 새 / 인솔자를 맡은 어른 새

새들의 비행 챔피언

하늘을 나는 동물답게 새마다 아주 뛰어난 비행 능력이 있어요. 우리 함께 새들의 비행 챔피언을 알아볼까요?

스퍼트 속도가 가장 빠른 새
스퍼트는 순간적으로 힘을 써서 빨리 달리는 것을 뜻하는데, 새의 스퍼트 속도는 아주 빨라요. 그중에서도 스퍼트 속도가 제일 빠른 새는 매예요. 매가 높은 곳에서 아래로 빠르게 내려갈 때의 속도는 시속 320킬로미터로 고속 철도의 속도와 비슷해요.

제일 빨리 나는 새
대부분 새는 시속 40~70킬로미터로 날아요. 가장 빨리 나는 새로는 바늘꼬리칼새를 꼽을 수 있어요. 바늘꼬리칼새의 비행 속도는 평균 시간당 171킬로미터나 돼요. 가장 빠른 단거리 육상 챔피언인 치타보다 훨씬 빠르답니다.

온 힘을 다해 달리는 치타의 평균 달리기 속도는 시간당 105킬로미터예요.

가장 높이 나는 새

줄기러기는 가장 높이 나는 새 중 하나예요. 그뿐만 아니라 히말라야산맥을 넘어 이동할 정도로 비행 능력이 두루 뛰어난 철새랍니다.

가장 높이 나는 새라는 공식적인 기록은 루펠독수리가 세웠어요. 아프리카에 사는 루펠독수리가 1973년에 11,000미터 상공을 비행 중이던 비행기와 부딪혔거든요. 이 기록은 지금까지 관측된 것 중 가장 높이 난 새의 기록이에요.

루펠독수리

가장 멀리 나는 새

북극제비갈매기는 세상에서 제일 멀리 나는 새예요. 매년 봄에 북극 지역에서 후손을 번식한 북극제비갈매기는 가을이 되면 먼 거리를 이동해 남극권 근처의 바다로 옮겨 갔다가, 이듬해 봄에 다시 북극으로 돌아가요. 한번 이동할 때마다 4만 킬로미터를 날아가는 북극제비갈매기는 지구상에서 가장 긴 이동 경로를 따라 이동하는 동물이에요.

북극제비갈매기

날지 못하는 새

대부분의 새는 날 줄 알아요. 비행 실력이 떨어지는 꿩과 칠면조도 위험에 마주치면 날아올라요. 그렇다면 날지 못하는 새가 있을까요?

날개가 없는 키위

뉴질랜드를 대표하는 새인 키위가 바로 날지 못하는 새예요. 사실 키위는 여러 종류가 있지만 날개가 없는 새를 모두 합쳐서 키위라고 불러요. 키위는 날지도 못하고 날개도 찾아볼 수 없는 유일한 새예요. 키위의 날개는 이미 퇴화해 몸통 깃털 속에 숨겨져 있거든요.

키위의 몸통은 거대한 과일 키위처럼 생겼어요. 과일 키위의 영어 이름은 'Kiwi Fruit'으로 새 키위의 영어 이름인 'Kiwi'와 똑같아요.

달리기 선수인 타조와 에뮤

타조와 에뮤는 날지 못하는 대신 달리기 속도가 아주 빨라요. 키위와 달리 타조와 에뮤에게는 날개가 있는데, 이 날개는 체온을 유지하고 몸의 균형을 잡아 주는 역할을 해요.

아프리카

타조

현재 지구상에 사는 새 중 가장 큰 새인 타조는 주로 아프리카의 초원에 살아요.

오스트레일리아

에뮤

에뮤는 타조를 약간 닮았지만 타조보다 몸집이 작아요. 오스트레일리아에 사는 에뮤는 오스트레일리아를 대표하는 동물이에요.

수영 선수인 펭귄

펭귄도 날지 못하는 새예요. 대부분의 펭귄은 남극에서 물고기와 새우를 잡아먹고 살아요. 그래서 헤엄을 아주 잘 친답니다.

남극권

헤엄과 잠수에 적응하기 위해 펭귄의 날개도 점차 물고기 지느러미 모양으로 진화했어요.

새가 우리에게 가르쳐 준 것

비행

아주 오래전부터 하늘을 자유롭게 날아다니고 싶었던 인류는 새를 깊이 연구했어요. 그리고 새의 모습을 본떠 연에서 글라이더로, 또 오늘날의 비행기에 이르기까지 다양한 항공기를 만들어 냈지요. 오랜 시간의 노력을 거쳐 드디어 인류는 하늘을 날 수 있게 되었답니다.

❶ 연

아시아에서 최초로 연을 만든 나라는 중국이에요. 중국의 남북조 시대 역사를 담은 《북사》라는 역사책에는 1500년 전 남북조시대에 어떤 사람이 수십 미터나 되는 높은 곳에서 연을 타고 땅으로 뛰어내렸다는 기록이 있어요.

목표물 추적 시스템 '호크아이'

눈으로 볼 수 있는 범위가 아주 넓고, 멀리까지 내다보는 수리의 눈은 우리 인간보다 훨씬 뛰어나요. 그래서 지상에서 2000미터 떨어진 높은 하늘에서도 땅 위의 쥐, 토끼 같은 작은 동물을 쉽게 찾아내지요. 과학자들은 수리의 눈이 사물을 보는 원리를 이용해 목표물을 추적하는 시스템인 '호크아이'를 개발해 냈어요. 호크아이는 수리의 눈이라는 뜻이에요. 이 시스템은 현재 스포츠와 군사 분야에서 널리 사용되고 있어요.

③ 오늘날의 비행기

오토 릴리엔탈의 영향을 많이 받은 미국의 발명가 라이트 형제는 동력 장치가 있고, 조종도 가능한 항공기를 만들었어요. 그리고 1903년에 인류 최초로 동력 장치를 단 비행기로 비행하는 데 성공했지요. 이들의 이름은 오늘날의 비행기를 탄생시킨 발명가로 널리 알려졌어요.

② 글라이더

19세기에 처음 세상에 등장한 글라이더는 동력 장치 없이 공중에서 활공만 할 수 있는 항공기예요. 글라이더로 비행에 성공한 초기 연구자 중 한 사람인 독일의 발명가 오토 릴리엔탈은 새의 비행 방식을 아주 자세히 연구했어요.

건축 디자인

어떤 새는 위대한 건축가예요. 나뭇가지와 이파리로 튼튼하고 정교하게 지은 새 둥지는 많은 건축가에게 영감을 주었어요. 2008년 베이징올림픽 주경기장인 중국의 베이징 국립 경기장 건물도 새 둥지의 구조를 보고 지었지요. 건축가들은 철골을 엇갈리게 놓아 건물 뼈대와 틀을 그물망 모양으로 만들었어요. 겉모습이 마치 나뭇가지로 엮은 새 둥지처럼 생긴 이 경기장 건물은 '새 둥지'라는 뜻의 중국어 '냐오차오'라고도 불려요.

우리 모두 새를 보호하자

새는 우리 인류 문화에 중요한 의미가 있어요. 고대 아시아인은 상상 속 '신성한 새'인 봉황을 행운의 상징으로 여겼고, 고대 그리스 신화에서 수리는 최고의 신인 제우스가 변신한 동물로 나와요. 새는 이렇게 아름답고 신성한 동물이지만 인류의 활동 때문에 살아남기 힘들어졌고, 심지어 멸종 위기에 놓이기도 했어요.

두루미

외래종의 침입을 막아야 해요

고양이와 담비 같은 많은 외래종 동물은 새를 함부로 잡아요. 오스트레일리아의 경우 원래 고양이가 없었어요. 그런데 유럽 이민자들이 고양이를 데려온 탓에 많은 오스트레일리아 새가 큰 피해를 입었어요. 통계에 따르면 요즘도 매년 수억 마리의 새가 고양이 때문에 목숨을 잃어요.

담비

불법 사냥을 금지해야 해요

지금도 많은 새가 불법 사냥을 당해요. 어떤 사냥꾼은 매년 가을마다 철새가 이동하는 길에 그물을 놓아두고 희귀한 새를 불법으로 잡아요. 이런 행동은 생태계 균형에 영향을 끼치는 아주 나쁜 행동이에요. 사냥감이 되는 철새뿐만 아니라 그 지역에 사는 다른 새의 목숨까지 많이 앗아가기 때문이에요. 그래서 이런 행동은 엄하게 금지해야 해요.

서식지가 파괴되지 않도록 보호해야 해요

인간의 활동은 새의 서식지에 영향을 끼쳐요. 아름답고 우아한 두루미는 곧 멸종할 위기에 놓인 새예요. 인간의 활동은 두루미가 사는 얕은 호숫가나 갯벌과 같은 서식지를 파괴하거든요. 몇 마리밖에 남지 않은 두루미가 앞으로도 계속 살아남을 수 있을지 아무도 확실히 몰라요. 그래서 우리는 서식지를 보호하기 위해 함께 노력해야 해요.

우리는 어떻게 해야 할까요?

- 새를 해치는 일을 함께하거나 돕지 않아요. 새를 해치는 행동을 하는 사람을 보면 바로 부모님이나 선생님 또는 경찰에 알려 주세요.

- 불법으로 잡은 새를 반려동물로 사지 않아요. 또 야생 새로 만든 장식품도 사지 않아요.

- 반려 고양이를 함부로 버리거나 풀어 놓고 키우지 않아요.

- 일회용 플라스틱 제품 사용을 줄이고 함부로 쓰레기를 버리지 않아요. 환경 보호를 위해 힘을 보태 주세요.

새를 구조하는 올바른 방법

다른 곳으로 옮겨 주세요.
옷이나 천으로 새를 감싸 다른 곳으로 옮겨 주세요. 새의 긴장을 풀어 주고, 새가 실수로 다치지 않게 하기 위해서예요.

구조 조치를 해 주세요.
새를 수건이나 휴지를 깐 종이 상자에 놓고, 공기가 통하도록 종이 상자 겉면에 작은 구멍을 내 주세요. 할 수 있다면 면봉에 물을 조금 묻혀 부리 주변을 닦아 주거나, 스포이트로 물을 먹여 주세요.

아니요

네

주의 깊게 살펴보세요.
새끼 새라면 엄마 새나 아빠 새가 찾고 있지 않나요? 어른 새라면 정상적으로 움직일 수 있는지 살펴보세요.

야생동물구조센터에 연락해요.
새를 안전하게 놔둔 후에 야생동물구조센터에 연락해 구조를 요청해요. 야생동물구조센터의 연락처는 인터넷이나 114에서 찾을 수 있어요.

그 자리를 떠나요.

이 책에 등장한 새들의 이름

이 책에 등장한 모든 새의 이름을 표로 정리했어요. 새들의 라틴어 학명과 영어 이름을 알아볼까요?

우리말 이름	라틴어 학명	영어 이름	우리말 이름	라틴어 학명	영어 이름
꾀꼬리	*Oriolus chinensis*	Black-naped oriole	칼새(과)	*Apodidae*	Swifts
밀화부리	*Eophona migratoria*	Chinese grosbeak	군함조(속)	*Fregata*	Frigatebirds
꿀벌벌새	*Mellisuga helenae*	Bee hummingbird	꿩	*Phasianus colchicus*	Common pheasant
진홍가슴	*Luscinia calliope*	Siberian rubythroat	알락해오라기	*Botaurus stellaris*	Eurasian bittern
줄기러기	*Anser indicus*	Bar-headed goose	사할린뇌조	*Lagopus lagopus*	Willow ptarmigan
박새	*Parus major*	Great tit	올빼미	*Strix aluco*	Tawny owl
흰올빼미	*Bubo scandiacus*	Snowy owl	유리매커우	*Ara ararauna*	Blue-and-yellow macaw
청둥오리	*Anas platyrhynchos*	Mallard	제비	*Hirundo rustica*	Barn swallow
타조	*Struthio camelus*	Common ostrich	개리	*Anser cygnoides*	Swan goose
왜가리	*Ardea cinerea*	Grey heron	매	*Falco peregrinus*	Peregrine falcon
메추라기	*Coturnix coturnix*	Common quail	필리핀바늘꼬리칼새	*Mearnsia picina*	Philippine spine-tailed swift
펭귄(과)	*Spheniscidae*	Penguins	줄기러기	*Anser indicus*	Bar-headed goose
분홍홍학	*Phoenicopterus ruber*	American flamingo	루펠독수리	*Gyps rueppelli*	Rüppell's vulture
고산대머리수리	*Gyps himalayensis*	Himalayan vulture	북극제비갈매기	*Sterna paradisaea*	Arctic tern
꼬까울새	*Erithacus rubecula*	European robin	키위(키위과)	*Apteryx*	Kiwis
재갈매기	*Larus argentatus*	European herring gull	에뮤	*Dromaius novaehollandiae*	Emu
매 (속)	*Falco*	Falcons	시베리아흰두루미	*Leucogeranus leucogeranus*	Siberian crane

12쪽의 정답: 왜가리, 메추리, 타조와 펭귄은 새예요. 하지만 박쥐, 하늘다람쥐, 날치는 새가 아니에요.
19쪽의 정답: A. 꼬까울새와 꿩의 날개는 타원형이에요.
B. 칼새와 매의 날개는 약간 좁고 길어요.
C. 재갈매기와 군함조의 날개는 아주 좁고 길어요.
D. 고산대머리수리의 날개는 길고 넓어요.